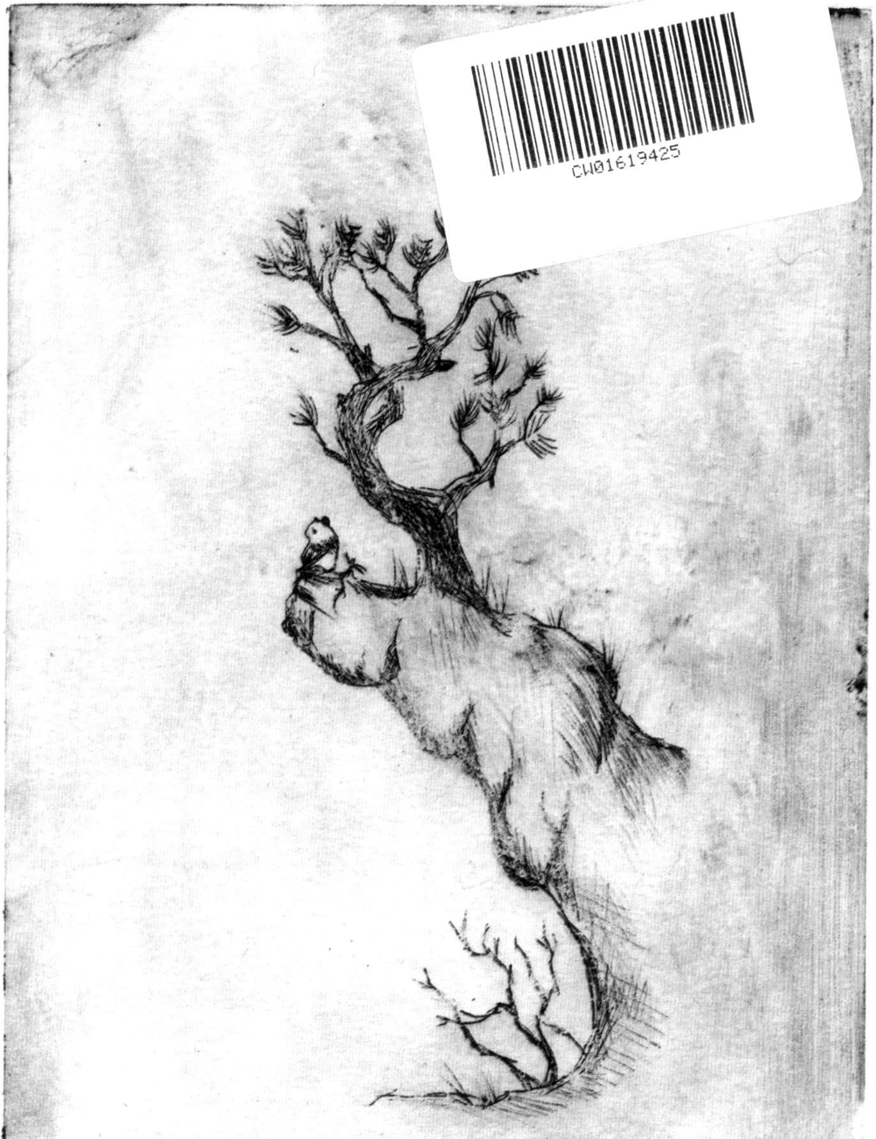

Dearest Chloe, 17th January 2022

To Commemorate our Wedding ♡

Grote Panda
&
Kleine Draak

With much love,

Grandpa & Sylvia x

Grote Panda & Kleine Draak

James Norbury

FONTAINE UITGEVERS

Dit boek is opgedragen aan
iedereen die weleens verdwaald is.

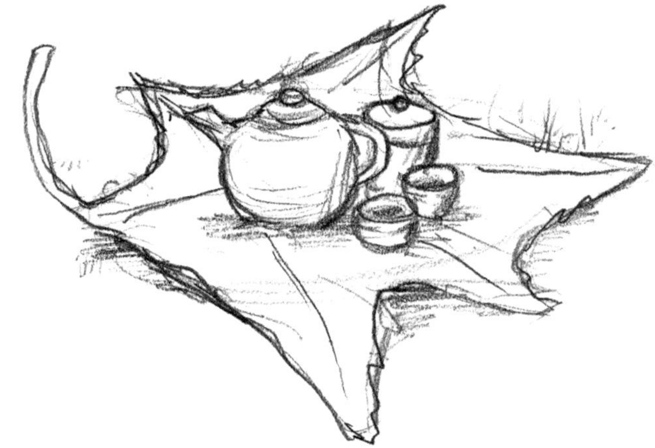

Inhoud

Lente

Wees moedig.

Je weet nooit waar een
eerste ontmoeting toe kan leiden.

‘Een nieuwe dag en een nieuw begin,’
zei Kleine Draak.

‘Wat zullen we ermee doen?’

‘Wat is belangrijker,’ vroeg Grote Panda,
‘de reis of de bestemming?’

‘Het gezelschap,’ zei Kleine Draak.

‘Ik heb het nu even te druk om naar de bloemen te kijken,’
zei Kleine Draak.

‘Dan moet je het juist doen,’ zei Grote Panda.
‘En morgen zijn ze er misschien niet meer.’

‘Wat is de natuur ongelooflijk, hè!’ zei Kleine Draak.

‘Zeker,’ beaamde Grote Panda.
‘Maar wij zijn net zo goed een deel van de natuur als de boom of de spin, en net zo verbazingwekkend.’

'Grote Panda,' zei Kleine Draak,
'ik hou van de manier waarop je naar
me luistert en tegen me praat en
met me op pad bent, maar het allermeest
hou ik van het gevoel dat je me geeft.'

‘Probeer tijd te maken voor de kleine dingen,’
zei Grote Panda.

‘Die zijn vaak het allerbelangrijkste.’

‘Het belangrijkste is...’
zei Grote Panda,

‘... je ogen openhouden.’

‘Omdat je niet weet waar je heen gaat,
betekent dat nog niet dat je verdwaald bent,’
zei Kleine Draak diepzinnig.

‘Je hebt volkomen gelijk,’ antwoordde Grote Panda,
‘maar in dit geval zijn we absoluut verdwaald.’

‘Die boom heeft het zwaar gehad,’
zei Kleine Draak.

‘Ja,’ zei Grote Panda, ‘maar hij staat er nog steeds
en hij heeft aan kracht en schoonheid gewonnen.’

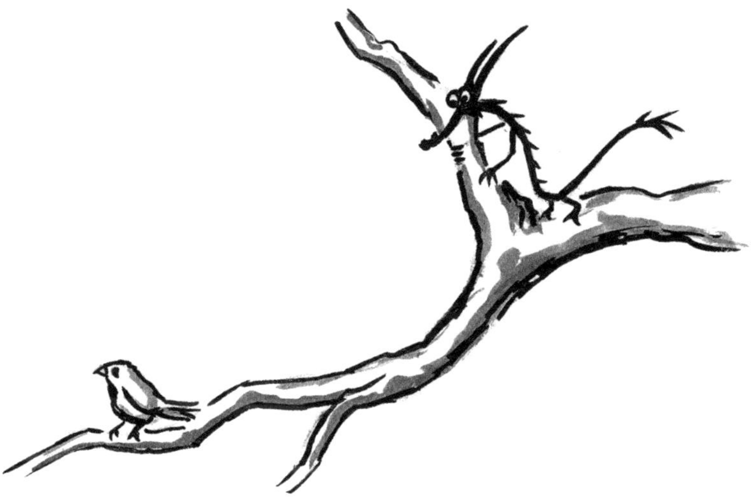

‘Haast je!’ piepte Kleine Draak.
‘We moeten nog zoveel doen!’

‘De rivier heeft geen haast,’ zei Grote Panda,
‘en komt toch, ondanks vele obstakels,
altijd daar waar hij heen gaat.’

'Er gebeurt niks,' zei Kleine Draak.

'Misschien,' zei Grote Panda,
'gebeurt er wel iets, maar kun je het nog niet zien.'

‘Soms denk ik dat ik niet goed genoeg ben,’
zei Kleine Draak.

‘Een kersenboom vergelijkt zichzelf niet met
andere bomen,’ zei Grote Panda.
‘Hij bloeit gewoon.’

Een blad kun je gebruiken als: nr. 1 – een boot.

‘Soms moet je gewoon een beetje gek doen.’

Elke beslissing op je reis
brengt je dichter bij of verder af
van waar je heen wilt.

‘Proberen betekent fouten maken,’ zei Grote Panda.
‘Niet opgeven.’

'Ik wil de wereld veranderen,' zei Kleine Draak.

'Begin met de eerstvolgende persoon die je hulp nodig heeft,' antwoordde Grote Panda.

'Op de kaart staat niet
waar ik heen moet,'
zei Kleine Draak.

'Jouw reis staat op geen enkele kaart,'
zei Grote Panda.
'Je moet je eigen pad ontdekken.'

'Ik mis hem nu al,' zei Kleine Draak.
'Stel dat hem iets overkomt?'

'Je hebt hem geholpen toen hij dat het meest
nodig had,' zei Grote Panda,
'en stel dat hij nog
een lang en gelukkig leven leidt?'

'Het pad voor ons ziet er lastig uit,' zei Grote Panda.

'Hoe moeilijk het ook wordt,' zei Kleine Draak,
'we gaan het samen aan.'

44 lente

'Ik wou dat dit moment eeuwig kon duren,'
zei Kleine Draak.

'Dit moment is alles wat er is,'
zei Grote Panda glimlachend.

Zomer

Nietsdoen is nooit zonde van je tijd.

‘Ik wou dat ik je eerder was tegengekomen,’
zei Kleine Draak, ‘dan hadden we nog meer
avonturen kunnen beleven samen.’

'Wat is mijn doel?' vroeg Kleine Draak.

Grote Panda dacht even na en zei toen:
'Om hier op deze steen te zitten, samen met je vriend.'

‘In mijn hoofd stormt het soms ook,’
zei Kleine Draak.

‘Als je goed luistert,’
zei Grote Panda, ‘kun je de regendruppels
op de steen horen spatten.
Zelfs in een storm kun je
een beetje rust vinden.’

Een Oude Draak
is een Kleine Draak die
nooit heeft opgegeven.

OPA DRAAK

‘We hebben nog een lange weg te gaan,’ zei Grote Panda.

Kleine Draak grijnsde. ‘Opa Draak zei altijd:
“Een reis van duizend mijl begint met een kop thee.”’

'Jij kunt goed luisteren,' zei Kleine Draak.

'Luisteren heeft me nog nooit in de problemen gebracht,' antwoordde Grote Panda.

'Ik vind maar niet de juiste plek voor die laatste tak,' mopperde Kleine Draak.

Grote Panda kauwde nadenkend op zijn bamboestokje. 'Het zijn de imperfecties die het perfect maken.'

'Het allerbeste voor bij de thee,' zei Grote Panda,
'is een goede vriend.'

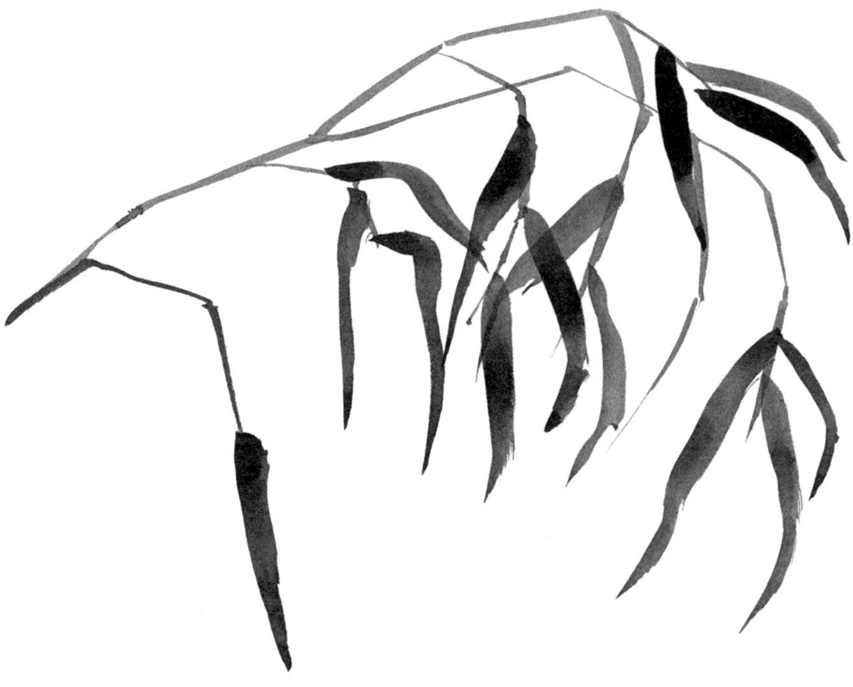

'Ik maak me zorgen,' zei Kleine Draak.
'Ik weet niet wat ik moet gaan doen.'

'Eventjes niets,' zei Grote Panda,
'haal adem en luister naar de wind
in de bamboe.'

‘Wat ben je aan het doen?’
vroeg Kleine Draak.

‘Ik heb geen idee,’ zei Grote Panda,
‘maar het is hartstikke leuk.’

Als je geluk nastreeft voor anderen,
vind je het misschien wel voor jezelf.

‘Weet je,’ zei Kleine Draak, ‘dit zou weleens die goeie ouwe tijd kunnen zijn waar we op een dag met heimwee op terugkijken.’

‘Laten we er in dat geval elke dag iets moois van maken,’ zei Grote Panda.

Liefde behoeft geen uitleg.

Samen kunnen we alles.

Sommige mensen zijn als kaarsen.

Ze branden zichzelf op om licht
voor anderen te maken.

Een blad kun je gebruiken als: nr. 17 – een parasol (en een maaltijd).

'Schiet op, Grote Panda,
we komen te laat!'

Grote Panda ging zitten.
'Ik denk liever dat ik verwachtingen schep.'

'Wat een prachtige tuin,' zei Kleine Draak.

Grote Panda knikte. 'En die hadden we niet gevonden als we niet zo vaak de verkeerde weg waren ingeslagen.'

'Je voert niet veel uit,'
zei Kleine Draak.

'Ik ben een vat vol mogelijkheden,'
gaapte Grote Panda.

Herfst

'Het is al herfst,' zei Grote Panda,
'en voor je het weet is het winter.'

'Ooo...' zei Kleine Draak.
'Nog meer gezellige avondjes samen... met een kop thee.'

Een blad kun je gebruiken als: nr. 62 – een paraplu.

'We zijn weer verdwaald,' zei Grote Panda.

'Als ik verdwaald ben,' zei Kleine Draak,
'ga ik terug naar het begin en probeer ik
me te herinneren waarom ik begon.'

‘Stel dat ik mensen tegenkom die niet van mij houden of van wat ik doe?’ vroeg Kleine Draak.

‘Je moet je eigen pad bewandelen,’ zei Grote Panda. ‘Beter dat je hen kwijtraakt dan dat je jezelf kwijtraakt.’

‘Mijn bloem...’ zei Kleine Draak.

‘Niets is onsterfelijk, kleintje.
Dat is wat alles zo waardevol maakt.’

'Het is moeilijk om aardig te zijn voor iedereen,' zei Kleine Draak.

'Klopt,' zei Grote Panda, 'en het is nog moeilijker om aardig voor onszelf te zijn, maar toch moeten we het proberen.'

Laat los of je wordt meegesleurd.

Als je theedrinkt... drink thee.

'Waar denk je aan?'
vroeg Kleine Draak.

'Aan niets,' zei Grote Panda.
'Heerlijk is dat.'

'Ik weet niet hoe ik uit deze put moet komen,'
zei Kleine Draak.

Grote Panda glimlachte.
'Dan kom ik toch bij je zitten.'

'De bladeren sterven af,' zei Kleine Draak.

'Wees niet bedroefd,' zei Grote Panda.
'In de herfst laat de natuur ons zien hoe
mooi loslaten kan zijn.'

'Kijk eens wat ik heb gevonden.'

‘O,’ zei Grote Panda,
‘een kans om iets nieuws uit te proberen.’

‘Wat ben je stil vandaag,’ zei Kleine Draak.

Grote Panda glimlachte.
‘Ik denk niet dat ik het geluid van de regen kan overtreffen.’

‘Ik weet niet zeker of dit lukt…’

‘Hoe komt het dat die boom nog overeind staat?’ vroeg Kleine Draak.

‘In betere tijden,’ zei Grote Panda, ‘heeft hij zich diep in de grond geworteld. Nu kan hij elke storm doorstaan.’

‘Wat jammer dat we deze boom niet al veel eerder hebben geplant,’ zei Kleine Draak. ‘Moet je je voorstellen hoe groot hij zou zijn.’

‘We doen het nu,’ zei Grote Panda.
‘Dat is wat telt.’

‘Hoor je de wind in de bomen, Kleine Draak?

Zo vertelt de natuur ons om even te pauzeren,
adem te halen en alleen maar te zijn.’

'Ben jij weleens gemeen tegen jezelf, Grote Panda?'

Grote Panda keek hoe de rimpelingen zich over het meer verspreidden.

'Ik zie hoe teder jij bent, Kleine Draak,
en probeer net zo vriendelijk naar mezelf te kijken.'

'Wat komen we veel moeilijkheden tegen op dit pad,'
zei Kleine Draak.

'Inderdaad,' beaamde Grote Panda,
'maar we hebben van allemaal iets geleerd.

En bedenk hoe mooi het uitzicht zal zijn
als we de top bereiken.'

‘Of mensen je nou een compliment
geven of kritiek, Kleine Draak,
probeer het beleefd in ontvangst te nemen.

Er zijn allerlei omstandigheden nodig
om een boom sterk te maken.’

Naar iemand luisteren is een van de mooiste
dingen die je voor een ander kunt doen.

Wanneer je een lantaarn aansteekt
voor een ander verlicht je
– of je nu wilt of niet –
ook je eigen pad.

WAT
WIL
JE?
WAT
WIL
JE?

'Als je het niet probeert,' zei Grote Panda,
'zul je nooit weten of je kunt vliegen.'

‘Ik ben moe,’ zuchtte Kleine Draak.

‘Dan is het tijd om rust te nemen,’ zei Grote Panda,
‘naar de sterren te kijken en een hete kop thee te drinken.’

‘Wat ben je aan het vieren?’ vroeg Kleine Draak.

‘Dat ik in de regen zit,’ zei Grote Panda. ‘Met jou.’

‘Wat een klein kaarsje,’ zei Kleine Draak.

‘Hoe klein het licht ook is,’ zei Grote Panda glimlachend, ‘het is beter dan duisternis.’

'Ik wil een stalletje beginnen met enge pompoenen,' zei Kleine Draak, 'maar ik ben bang dat het niks wordt.'

Grote Panda schonk zijn vriend nog wat thee bij.

'Misschien wordt het niks, kleintje, maar als je het uit angst niet eens probeert, wordt het zeker niks.'

Soms is het enige wat je kunt doen
een kop thee voor iemand zetten.

Misschien is het genoeg.

Er zijn van die dagen
dat alleen al opstaan een overwinning is.

'Wat is het heelal?' vroeg Kleine Draak.

Grote Panda keek omhoog naar de nachtelijke hemel.

'Dat zijn wij, kleintje. Wij zijn de peilloos diepe oceanen en de weerlichten op een zomerse avond – iets prachtigers bestaat er niet.'

Winter

'Je draagt me nu al dagenlang,'
zei Kleine Draak.

'Het kon erger,' zei Grote Panda.
'Stel je voor dat we Grote Draak en Kleine Panda waren.'

'Elk seizoen is volledig anders,' zei Grote Panda,
'maar ze hebben allemaal hun bekoring.'

'Net als wij,' grijnsde Kleine Draak.

Soms is het goed om eropuit te gaan
zonder te weten waarheen.

'Hoe lukt het je om door te gaan?'
vroeg Kleine Draak.

'Soms,' zei Grote Panda,
'is zelfs het kleinste stapje
beter dan geen stap.'

‘Het is de kortste dag,’ zei Kleine Draak.
‘Nu is het pas echt winter.’

‘Maar ook de langste nacht,’ zei Grote Panda,
‘en die heeft zijn eigen bekoring.’

'Ik geef het op,' zei Kleine Draak.

'Dat is prima,' zei Grote Panda.
'Morgen proberen we het opnieuw.'

'Wat is het koud en donker vannacht,' zei Kleine Draak.

'Wees maar niet bang, kleintje,' zei Grote Panda.
'De zon zal weer opkomen.'

'Als je het moeilijk hebt, kleintje, kun je het tegen me zeggen.

Ik wil helpen.'

‘Maken slechte gedachten me tot een slecht iemand?’ vroeg Kleine Draak.

‘Nee,’ zei Grote Panda. ‘De golven zijn niet de zee.
De gedachten zijn niet de geest.’

‘Ik ben zo moe,’ zei Kleine Draak.

Grote Panda hield stil. ‘De winter is een tijd waarin de natuur zich terugtrekt, uitrust en energie verzamelt voor een nieuw begin.

Wij mogen hetzelfde doen, kleine vriend van me.’

'Ik ben vergeten om me iets voor te nemen voor het nieuwe jaar,' zuchtte Kleine Draak.

'Maak je geen zorgen, kleintje,' zei Grote Panda. 'Als er iets is dat je wilt veranderen, kun je daar nu mee beginnen.'

‘Welke drie wensen zou jij doen?’
vroeg Kleine Draak.

Grote Panda dacht even na.
‘Wij samen… op pad… in de regen.’

‘Overal is schoonheid,’ zei Grote Panda,
‘maar soms is het moeilijk te zien.’

Een blad kun je gebruiken als: nr. 111 – een slee.

'Ik kan niet uitleggen hoe ik me voel,'
zei Kleine Draak.

Grote Panda glimlachte. 'Dat is niet erg.
Niet alles laat zich in woorden vatten.'

Jij geeft me kracht als ik de mijne helemaal kwijt ben.

Lente

Vlinders hebben het het moeilijkst vlak voor ze zich ontpoppen.

'Geloof jij in reïncarnatie?'
vroeg Kleine Draak.

Grote Panda gaapte. 'Ik geloof dat
we iedere minuut van iedere dag
kunnen loslaten en opnieuw beginnen.'

Ook een aangetaste boom kan wonderschone bloesems vormen.

'Zijn we er al bijna?'
vroeg Kleine Draak.

Grote Panda glimlachte.
'Ik hoop van niet.'

Nawoord

Een tijdje geleden, toen het niet zo goed met me ging, stuitte ik in een tweedehandsboekwinkel op een boek over boeddhisme. Ik raakte gefascineerd door de inhoud en begon me verder te verdiepen in spiritualiteit en meditatie. Hoe meer ik leerde, hoe meer ik besefte dat ik geen slaaf hoefde te zijn van mijn negatieve gedachten.

Ik had iets ontdekt waardoor ik me veel gelukkiger voelde en het werd mijn doel om ook anderen te helpen. Ik sloot me aan bij de Samaritans, waar ik als vrijwilliger ging werken bij de telefoonlijn voor mensen die hulp zoeken bij eenzaamheid, angst en depressie. De omvang van het menselijk leed schokte me diep en het motiveerde me om een kleinschalige hulpgroep voor de buurt op te zetten, maar de komst van corona maakte een eind aan die plannen.

Ik besloot om in plaats daarvan tekeningen te gaan maken, als een manier om die krachtige, transformerende ideeën op een eenvoudige, toegankelijke wijze over te brengen op mensen. Aanvankelijk had ik geen idee of dat zou lukken, maar inmiddels heb ik reacties gekregen van mensen van allerlei verschillende culturen, religies, nationaliteiten en leeftijdsgroepen die me laten weten hoe mijn tekeningen hen door moeilijke tijden hebben geholpen.

Aan elke tekening heb ik me met hart en ziel gewijd en ik denk dat ze daarom mensen zo aanspreken – ze dragen allemaal een stukje van mijn ziel in zich.

Dankwoord

Dit boek is het hoogtepunt van een heel leven. Daarom ben ik iedereen dankbaar die ik ooit heb ontmoet; jullie hebben me allemaal gevormd tot de persoon die ik nu ben en als ik die persoon niet was geweest, had ik dit niet kunnen maken – dank jullie wel dus.

Maar er zijn een aantal mensen dankzij wie dit boek ook werkelijkheid is geworden.

Ruth, die me altijd heeft geholpen, gewoon door te zijn wie ze is. Zij is de spil van mijn bestaan en iedere dag hou ik meer van haar.

Mijn vader en moeder, die me geleerd hebben om onafhankelijk te zijn, om kunst te beschouwen als een manier om ideeën over te brengen en die me in al mijn rare plannen hebben gesteund. Zonder hen in mijn leven zou ik nooit geloofd hebben dat ik met kunst mijn brood kon verdienen – dank jullie wel.

Mijn broer en zus Alan en Jayne: jullie zijn altijd enorm stimulerend en ondersteunend.

Ludo, ongelooflijk dat je met me in zee bent gegaan. Ik heb zoveel agentschappen aangeschreven en jij was de enige die in me geloofde. Duizendmaal dank. Ik hoop dat je vertrouwen beloond wordt. Ik vind het een fijne gedachte dat ik een vriend en een agent heb gekregen. En Eve, ik weet hoeveel je achter de schermen doet – dank je wel.

Dan, ik heb echt geluk gehad met jou. We deelden dezelfde visie: ik had me geen andere redacteur kunnen voorstellen die zo goed begreep wat ik probeerde te doen. En veel dank aan alle anderen bij Penguin, die keihard hebben gewerkt om mijn gekke tekeningetjes op de wereld te zetten: Aggie, Bea, Sarah, Lee, Jon, Tracy, Dan P-B, Rebecca, Anjali, Vanessa, Sophie, Ellie en Christina.

Mijn volgers op sociale media, zonder jullie steun en aanmoediging was ik er niet mee doorgegaan. Dank jullie wel.

Mijn mede-Samaritans, soms kan het heftig zijn; het maakt heel veel uit dat we weten dat we er allemaal zijn voor elkaar. Het is een voorrecht om te praten met de mensen die de telefoonlijn bellen, en ik kan niet uitleggen hoe hun woorden me hebben veranderd. Ik denk niet dat dit boek er was geweest zonder hen.

En mijn vrienden de dieren natuurlijk: jullie zorgen ervoor dat ik niet gek word terwijl jullie me stapelgek maken.

Derde druk november 2021

Oorspronkelijke titel: Big Panda & Tiny Dragon
Oorspronkelijke uitgever: Michael Joseph, een imprint van Penguin Books.
Penguin Books is onderdeel van Penguin Random House.

www.fontaineuitgevers.nl

Vertaling: Ariane Schluter
Opmaak: ZetSpiegel, Best
Omslagbewerking: Select Interface, Amersfoort

ISBN 978 94 6404 089 0

NUR 370, 320